Likombe Imponge

Salomon, roi bâtisseur

Likombe Imponge

Salomon, roi bâtisseur

De la gloire à la chute d'un royaume

Éditions Croix du Salut

Impressum / Mentions légales
Bibliografische Information der Deutschen Nationalbibliothek: Die Deutsche Nationalbibliothek verzeichnet diese Publikation in der Deutschen Nationalbibliografie; detaillierte bibliografische Daten sind im Internet über http://dnb.d-nb.de abrufbar.
Alle in diesem Buch genannten Marken und Produktnamen unterliegen warenzeichen-, marken- oder patentrechtlichem Schutz bzw. sind Warenzeichen oder eingetragene Warenzeichen der jeweiligen Inhaber. Die Wiedergabe von Marken, Produktnamen, Gebrauchsnamen, Handelsnamen, Warenbezeichnungen u.s.w. in diesem Werk berechtigt auch ohne besondere Kennzeichnung nicht zu der Annahme, dass solche Namen im Sinne der Warenzeichen- und Markenschutzgesetzgebung als frei zu betrachten wären und daher von jedermann benutzt werden dürften.

Information bibliographique publiée par la Deutsche Nationalbibliothek: La Deutsche Nationalbibliothek inscrit cette publication à la Deutsche Nationalbibliografie; des données bibliographiques détaillées sont disponibles sur internet à l'adresse http://dnb.d-nb.de.
Toutes marques et noms de produits mentionnés dans ce livre demeurent sous la protection des marques, des marques déposées et des brevets, et sont des marques ou des marques déposées de leurs détenteurs respectifs. L'utilisation des marques, noms de produits, noms communs, noms commerciaux, descriptions de produits, etc, même sans qu'ils soient mentionnés de façon particulière dans ce livre ne signifie en aucune façon que ces noms peuvent être utilisés sans restriction à l'égard de la législation pour la protection des marques et des marques déposées et pourraient donc être utilisés par quiconque.

Coverbild / Photo de couverture: www.ingimage.com

Verlag / Editeur:
Éditions Croix du Salut
ist ein Imprint der / est une marque déposée de
AV Akademikerverlag GmbH & Co. KG
Heinrich-Böcking-Str. 6-8, 66121 Saarbrücken, Deutschland / Allemagne
Email: info@editions-croix.com

Herstellung: siehe letzte Seite /
Impression: voir la dernière page
ISBN: 978-3-8416-9836-0

Copyright / Droit d'auteur © 2012 AV Akademikerverlag GmbH & Co. KG
Alle Rechte vorbehalten. / Tous droits réservés. Saarbrücken 2012

SALOMON, ROI BATISSEUR:
De la gloire à la chute d'un royaume

SALOMON, ROI BATISSEUR:
De la gloire à la chute d'un royaume

IMPONGE Likombe

SALOMON, ROI BATISSEUR:
De la gloire à la chute d'un royaume

AVANT-PROPOS

Réorganiser un royaume après son déclin ne pas une mince affaire, surtout si celui qui vous a précédé au pouvoir à détruit le système politique et économique existant, créant dès lors de dissensions au sein de l'ensemble de la population. La Bible nous présente un homme d'état que le monde n'a jamais eu, qui travailla pour amener son peuple à un fort développement et prospérité. Sage et intelligent, il entreprit d'énormes travaux de construction, malgré la densité exigüe de la population. Son règne est synonyme de paix. Mais, il arriva qu'au lendemain de sa mort toute son œuvre s'écroula.

La chute du régime de Salomon, fils de David reste un événement majeur dans le tournant de l'histoire politico-religieuse d'Israël antique, du fait qu'il s'agit là d'un homme hors du commun, Oint de Dieu dont la richesse et la gloire n'ont été surpassées au cours de l'histoire. Même si aujourd'hui, le siècle présent compte beaucoup d'hommes riches, Salomon demeure incomparable. Chaque année sa richesse ne faisait qu'augmentait de plus en plus, car tout le monde qui cherchait à le voir pour entendre la sagesse que Dieu avait mis dans son cœur devait apportait son offrande, des objets d'argent et des objets d'or, des vêtements, des armes, des aromates, des chevaux et des mulets (Rois 10.21-25).

Voulant exporter le Yahvisme au-delà des frontières d'Israël, principalement à des nations païens vouant des cultes aux idoles; Salomon tombe vite dans le piège du polythéisme. Roi, successeur au trône de son père, il s'attela à rendre son nom grand au point de favoriser le totalitarisme dans toutes les sphères de la vie des Hébreux, oubliant que l'Eternel Dieu est au dessus de tout, et c'est lui qui aie voulu de Salomon comme Roi afin de conduire dans les sentiers de la justice le peuple né dans la promesse, faire reposer ces Hébreux attaqués par des ennemis obstinés dans de verts pâturages et de les ramener dans la maison de Dieu comme un berger.

SALOMON, ROI BATISSEUR:
De la gloire à la chute d'un royaume

Grâce à son emprise de l'appareil politique du royaume, il instaure un temps de calme et d'ordre, ceci lui permet de s'imposer pour entreprendre des actions à éclats: construction divers, la plus célèbre est le Temple de l'Eternel. Pour parvenir à ses fins, il n'hésite pas, en aucun moment, à faire alliance avec des nations païennes possédant des matériaux nécessaires pour bâtir le temple.

Homme sage possédant l'intelligence des réalités, il sait interpréter les sens cachés des proverbes, maximes et énigmes (Proverbes 1.1, 7). C'est aussi un diplomate, qui recoure toujours dans ses relations multilatérales, à la manière douce. Autrement dit aux bons offices. Ce grand visionnaire cherchera sans relâche la grandeur de l'Eternel, du peuple Hébreux et de sa renommé. A travers ses réalisations, Salomon à amener la défunte Israël au sommet de la vie politique d'autrefois pour la présentée comme un incontournable interlocuteur dans le concert de la scène internationale. Manifestement, son intention était d'être vu lui et son royaume comme une puissance redoutable en face des Assyriens, Babyloniens et Egyptiens.

Il avait une bonne appréciation pour l'art sobre et riche. A l'image des immenses temples d'Egypte, de leurs péristyles, de leurs arcades, leurs pilier de pierre. D'un autre point de vue, tout ce qu'il admire, il se précipite pour l'avoir à tout prix. Par exemple, il convoite les maîtres du Nil qui comptent les femmes par centaines dans leurs harems, et lui en prendra par millier.

Quand vint la nuit de sa monarchie, ce poète, auteur de Cantique des cantiques, Proverbes, de l'Ecclésiaste, verra son royaume disparaitre avec lui, comme il aimait bien le dire: « vanité de vanité tout est vanité ». Homme à l'esprit de conquête, roi «heureux» et roi «accompli», Salomon n'a pas sut traiter avec sagesse la question des clans sans cesse en ébullition, et pourtant il avait acquit « la justice, l'équité, la droiture» découlant de la connaissance de Dieu. Il n'a pas trouvé de réponses appropriées pour satisfaire ses opposants durant son règne. Voilà ce qui explique notre regret

SALOMON, ROI BATISSEUR:
De la gloire à la chute d'un royaume

à la suite de la disparition, de ce que fut ce monument de l'ère politique Israelite.

La chute du royaume de Salomon pourrait signifier la fin d'un système politique et économique basé sur le développement des voies maritimes, la quête des richesses, le goût de la vie d'extravagance, traités d'alliances et paix au travers d'une armée importante; c'est-à-dire une armée de dissuasion, non pour faire la guerre mais pour maintenir la concorde nationale.

La mort de Salomon est sanctionnée par l'éclatement du royaume en deux. Depuis longtemps le désir profond du peuple tendait à la séparation. Le nord jalousait profondément le sud. L'arrogante maison de Joseph, c'est-à-dire la tribu d'Ephraïm et de Manassé espérée régner sur Israël comme au temps de Joseph en Egypte, n'ayant pas reçu sa part du gâteau, elle était plein de rancœur vis-à-vis de la tribu de Juda, car celle-ci s'empara du pouvoir suprême à travers David. Et lesBenjamites se révoltèrent qu'après Saül le trône ne resta pas chez eux. D'ailleurs, David dut faire face à un certain Seba, de Benjamin, qui incita l'esprit séparatiste aux siens.

En fin de compte, Le nord et le sud restera unis momentanément par la volonté de ces rois (Saül, David et Salomon), qui se sont battus pour l'unité du pays. Une fois, Salomon s'était couché avec ses pères, la division éclate. Le royaume du nord portera le nom d'Israël avec comme capital Samarie, et le royaume du sud, appelé Juda aura pour capital Jérusalem. Cette séparation consommée sous le gouvernement de Roboam, fils de Salomon, reste toujours d'actualité dans la Bible, d'autant plus que la blessure de cette scission n'a jamais été cicatrisée, elle demeurera de la sorte jusqu'au jour du règne de notre Seigneur et Sauveur Jésus sur Israël.

SALOMON, ROI BATISSEUR:
De la gloire à la chute d'un royaume

Beaucoup de prédicateurs continuent à s'interroger sur cet épisode cruel de la révolte de dix tribus contre Juda et Benjamin, ils croient que cela pouvait être évité. Toutefois, il convient de se poser une série des questions pour éclairer un peu notre soif de connaissance.

- Comment peut-on expliquer l'effondrement d'un si prestigieux royaume comme celui de Salomon?

- Est-ce que Dieu a été au centre de la division? Il y avait-t-il une certaine légèreté dans le chef de Salomon pour que l'Eternel fasse tomber tout son œuvre?

- Pourquoi environ deux siècles passées, les cendres du royaume de Salomon continuent à se disperser dans l'histoire des rois qui ont successivement gouvernés sur Israël et sur les dix tribus insoumis de Samarie?

- De quelle manière Salomon pouvait-il parler à l'Eternel, toucher sa sensibilité pour qu'il réponde à ses attentes, bien qu'ayant épousé des femmes païennes?

- Croyez-vous que le royaume de Salomon en Israël préfigure le royaume glorieux du Seigneur Jésus durant son règne de mille ans?

Telles sont les questions que nous prendre en considération pour analyser concrètement ce que fut le royaume de Salomon, homme d'exception dans son temps: qui était supérieur en sagesse de tous ses contemporains. Il a exerçait son pouvoir avec farouche, ne reculant devant rien, repoussant ses limites. Il savait régler un problème politiquement épineux: pour se défaire de tous ses adversaires potentiels, il use des moyens fine et adroite. Il vécu

SALOMON, ROI BATISSEUR:
De la gloire à la chute d'un royaume

dans l'étalage de luxe et d'apparat, et ce, au-dessous des ressources de son peuple.

Un véritable roi, selon la conception biblique: celui qui conduis le peuple vers le bon pâturage et ramène Israël. Il a été le pasteur et conducteur d'Israël (2 Samuel 5.2). Il s'est donné la peine, en dépit du mode de la vie somptueuse qu'il mena, à examiner notre monde, à travers ses pensées recueillies dans les Ecritures, il lancera un message de réveil et de repentance pour les générations futures, en disant: « Crains Dieu et observe ses commandements. C'est là tout l'homme » (Ecclésiaste 12.13). Car, tout l'effort que se donne l'homme sur terre n'est que vanité. Il nous convie à donner un sens à notre vie ici bas, en ayant les yeux fixé vers plus haut, comme les Apôtres qui avaient les regards fixés vers le ciel pendant que le christ s'en allait (Actes 1.9): Jésus -Christ est notre vie.

Que l'Eternel, notre Dieu, vous bénisse dans la lecture de ce livre. Puisse le Saint-Esprit vous accordez la lumière des cieux pour voir et comprendre les choses qui appartiennent à notre paix. Au nom de Jésus christ.

SALOMON, ROI BATISSEUR:
De la gloire à la chute d'un royaume

INTRODUCTION

La fin de vie de Salomon occasionna une chute inattendue pour le peuple de Dieu, cela nous étonnes, évidemment, étant donné qu'il était présenté comme l'un de plus grand homme politique que notre planète terre n'eut jamais connu.

Son rôle fut énorme dans la conduite d'Israël. De par son intelligence, il sut organiser l'appareil politico-religieux des Hébreux et dota son royaume d'un potentiel militaire gigantesque, soutenue par la main de Dieu. Aucun roi avant lui, et même après en Israël a constitué une armée forte, disciplinée, équipée d'armes de menace offensive.

Sa renommé s'accru le long de son règne. La reine de Saba lui a fait l'honneur de sa visite (1 Rois 10.1-13) et la mélodie de sa sagesse à régler les différends de son peuple traversa le monde entier d'antan. Les rois des nations voisines fascinés par ses très hautes qualités viendront à lui pour entendre, admirer et l'honorer (1 Chroniques 6.23-24). Il usera de son autorité pour calmer le jeu de soulèvement tribal, provoqué par d'éléments subversif issus de sa propre famille. Soucieux de préserver son trône, il tergiverse dans ses relations sentimentales et plonge dans une sensualité débordante.

Grâce à la position géopolitique d'Israël, comptant douze tribus et du succès que Dieu avait offert à son père David lors de nombreuses bataille contre ses voisins, il hérite alors d'une influence de force vis-à-vis de ses partenaires. De ce fait, son pouvoir mobilisateur grandira par-dessus tout dans ses rapports diplomatiques avec ses mêmes voisins belliqueux, vu que l'ouverture d'esprit de Salomon dans sa politique extérieur fut de faire alliance avec ses voisins, et aussi avec l'Afrique; nous citerons la dynastie Egyptienne, où Salomon pris pour femme la fille du Pharaon. Il y a également

SALOMON, ROI BATISSEUR:
De la gloire à la chute d'un royaume

l'Europe où il développera la coopération économique. Le luxe qui sied à sa majesté a fait que Israël, peuple de Dieu soit considéré « un peuple à part », allié de choix pour tous royaumes de l'époque.

Quant au système socio-économique de ce magnifique roi, cela fut complexe pour le petit peuple. Nation bénie et prospère, il est vrai! Mais la recherche démesurée de la richesse, pousse Salomon à surtaxer son peuple, simplement pour alimenté son pouvoir, ses désirs de domination et luxure. C'est l'une de tension latente qui planait sur son entourage. Car, ce grand administrateur des hommes, utilisait le peuple à des fins politique et économique. D'ailleurs, les grands travaux qu'il entreprit exigèrent une main d'œuvre considérable. Cela mobilisa un coût budgétaire énorme pour le gouvernement. Et, les hommes qui y travaillaient étaient réduits en état d'esclave, comme à l'époque où les Hébreux furent esclave au royaume de Pharaon. En effet, ce dossier épineux fera objet de discussions intenses, entre son fils Roboam et son historique opposant Jéroboam, exilé en Egypte.

Nonobstant toute ces considérations, le Royaume d'Israël, dirigé par Salomon apporta un vrai sens à une nation ayant comme bannière l'Eternel, Dieu des armées. Israël, un royaume-Yahvisme. Il présente au gouvernement du monde entier un modèle de progrès basé sur la foi au Dieu éternel, le seul capable d'instaurer la paix et la sécurité d'une nation.

Oh! Qu'il soit merveilleux d'avoir un dirigeant qui se préoccupe de l'intégrité territoriale de sa patrie, la défend au prix de sa vie. Durant son règne, Israël ne connu point de guerre. Toutefois, si cela pouvait arriver, Salomon compterait évidemment sur le soutien de l'Eternel, et bien entendu, sur ces alliés, pays amis qu'il a intelligemment roulé dans la farine, puis trainer derrière lui dans l'approche du monothéisme, symbole du succès de son trône. Aucune nation ne pouvait se disputer le partage de ressources du monde sans pourtant passer par Israël. Salomon devint influent sur l'échiquier international.

SALOMON, ROI BATISSEUR:
De la gloire à la chute d'un royaume

Dans tout gouvernement, il existe habituellement une partie opposante au pouvoir en place. Cela est d'autant normal pour la conduite de la res publica (les affaires publiques). Salomon s'est montré inflexible face à toute autre forme de rassemblement politique, contraire à son régime. Homme de fer, il écarte tous ses opposants. Le plus connu de tous, nous l'avons déjà évoqué plus haut, il s'agit de Jéroboam.

En parlant d'opposition, la Bible nous décris également le conflit spirituel qui existe entre le royaume de Dieu et celui de Satan. En outre, le nom de Satan signifie « opposant ». Il empêche les enfants de Dieu de vivre les promesses divines. Son lieu d'exile, c'est la terre habité par les hommes. C'est-ce que nous rapporte les Ecritures en disant: «le monde entier git sous l'emprise de l'Ennemi». Alors, quand le temps sera accompli, le Seigneur Jésus reviendra établir son règne; car, il ne peut y avoir deux rois sur un même trône, ou pire encore, servir deux rois simultanément sur un même territoire. Soit l'un est rebelle et l'autre est roi légitime. A vous de choisir.

Il va s'en dire que la rébellion est une malédiction, puisqu'elle vient détruire l'équilibre politique, économique, militaire d'une nation. La rébellion, c'est le désordre. L'anarchie. Dieu ne coopère point avec ceux qui vivent dans l'inconduite. Ce que le Seigneur veut, c'est notre sanctification.

En effet, Salomon a vécu dans une sanctification de compromis, c'est-à-dire il aménagea l'interprétation de la Parole de Dieu à sa condition royale en vivant dans la luxure et dans la polygamie à outrance. Il s'est lancé dans le plaisir débordante de la vie, et sous l'influence de ses nombreuses épouses, il a conduit son royaume au culte des faux dieux (1 Rois 11.1-8).

Sans le savoir, il ne garantira pas son avenir, ni moins de sa postérité. Raison pour laquelle il connaitra un échec posthume. Vu que sa splendeur avait frayé le chemin de la rébellion et de décadence, à cause de multiples

SALOMON, ROI BATISSEUR:
De la gloire à la chute d'un royaume

fautes royales commis sur le trône. Ce qui attirera la colère de Dieu sur ses enfants,- et l'Eternel prononcera une sanction tout à fait légitime: privé sa descendance du trône par une dislocation rapide du royaume, juste à peine Salomon décédé.

Instable en matière d'amour, Salomon demeure pourtant un dirigeant compétent, ce qui est de nos jours rare à voir. Mais, Si on constate les changements inattendus à travers le monde sur le plan politique: où l'on peut noter de coup d'état militaire, le printemps arabe balayant les dictateurs, la crise économique qui s'invite au parlement des états pour renverser un gouvernement et en établir un autre,… Je dirai tout haut, que notre Salomon savait parfaitement faire son boulot, en tant que leader politique. Malheureusement son infidélité l'enfonça dans le gouffre, ce qui contribua à son déclin moral.

Ce qui me plait en cet homme, c'est le fait de méditer sur la question de « succession » (Ecclésiaste 2.18-19). Etant sur son trône, il se demande si un jour je quitte le pouvoir, qui me remplacera? Aura-t-il le zèle de poursuivre mon œuvre? Ou cherchera-t-il éperdument à s'enrichir plus que moi? Il est vrai qu'il pensait à son action politique, après lui. Dommage qu'aucun de ses successeurs n'a pu continuer sa politique.

L'histoire nous a révélée que Salomon a été élu par Dieu, au travers de la volonté de son père David. Il avait l'assentiment du peuple et pouvait aussi comptait sur le respect et le soutien des hommes sages de l'administration de son père, de manière à travailler de concert à la grandeur de son règne. Par ailleurs, lorsqu'il y a manque de concertation ou confiance en la personne qui est établie dirigeant, surtout pour les pays des 3 A (Afrique, Amérique Latine et Asie), la paix et la sécurité deviennent fragile. Cela peut entrainer la chute du gouvernement en place. Tel est le scénario que vécut Roboam, fils de Salomon, au lendemain de sa prise du pouvoir. Cette crise majeure se situe vers 933 avant Jésus-Christ.

SALOMON, ROI BATISSEUR:
De la gloire à la chute d'un royaume

L'aspiration à d'autres formes de gouvernement à conduit à la scission pour le royaume d'Israël. Il ne pas dit que le changement d'autorité à la magistrature suprême d'une nation, garantie forcement l'équilibre sur les pouvoir d'achat du peuple.

Quand il y a une élection, pour les pays à culture démocrate, on vote un dirigeant qui pourra apporté de réformes pour améliorer le quotidien du peuple, et non une personne en qui on repose la confiance, son avenir afin de répondre aux maux de la société (criminalité, la guerre pour certains pays, manque d'eau pour les zones désertique, la sécurité sociale, l'écologie,...) comme si il était dieu et avait la solution pour tous du bout de ces doigts. Qu'est-ce qui nous prouve avec certitude, tel candidat détient la clef du savoir-faire pour résoudre nos problèmes et assurer une vie agréable pour tous? Sachant que la politique n'est que combines, opportunisme, démagogie et trahison. Seul le Seigneur Jésus-Christ, dont le trône est éternel, avec un royaume sans fin est capable de donner à tous les hommes disséminés à travers le monde entier une vie longue, durable; bienfaits, de la nourriture, de l'eau vive.

Il est le seul Roi dont la Bible parle de l'éternité du royaume. Roi, annoncé par les Prophètes, la naissance a été prédite, certains ont témoigné qu'il est le « OINT » d'Israël, « le SCHILO », « le MESSIE promis ». Il est le meilleur Leader: se souciant profondément des autres, disposé à travailler durement comme les autres avec un salaire identique à tous ouvriers, voué à Dieu,...

Toutes les meilleures qualités qui ont fait de Salomon un roi excellent, il le tire de Jésus. Salomon, fils de David, l'homme sur qui Dieu veut attirer notre attention par le biais de cette étude, n'est pas resté parfaitement intègre dans ses responsabilités. Peu importe notre acabit social, ce que Dieu veut voir en nous, c'est la fidélité: source de prospérité pour une nation. Si nos dirigeants s'aventurent à vivre dans la luxure au détriment du peuple, à embrasser la

SALOMON, ROI BATISSEUR:
De la gloire à la chute d'un royaume

magie (voire sciences occultes), à courir après de conquête amoureuse et à caresser la désobéissance à Dieu, la chute est certaine.

SALOMON, ROI BATISSEUR:
De la gloire à la chute d'un royaume

CHAPITRE 1. L'UNION PAR LA ROYAUTE

Vers 1030-932 avant Jésus-Christ, les tribus d'Israël étaient installées à Canaan. Après la mort de Josué, fils de Noun, serviteur de l'Eternel, chaque groupe de tribus avait le devoir de terminer la conquête du territoire qui lui a été attribué et asservir ses ennemis, de manière à éviter les attaques à répétition des Philistins, des Amoréens, des Cananéens. Leurs ennemis étaient organisés et unis derrière une autorité centrale, contrairement à Israël, dispersée, n'ayant aucun chef à leur tête. Ils resteront bien longtemps désunis à cause de l'esprit séparatiste, un peu comme les Wallons et les Flamands. Quand une tribu était attaquée, elle devait se défendre toute seule face à l'envahisseur. En conduisant seule la destinée de la zone qui lui a été assignée, la tribu échouée.

Défaite par défaite, causée par la désobéissance à la voie divine, étant donné qu'Israël se prosterna à d'autres dieux et rendit culte à ses dieux. La colère de Dieu s'enflamma contre Israël, et les vendit entre les mains de ses adversaires. Incapable de réagir en face de l'adversité l'Eternel, suscitera des juges: de chefs spirituels inspirés et dirigeant en temps de paix (Juges 2.16); c'est-à-dire des hommes choisi par Dieu avec une mission déterminée, celle de défendre le peuple de la main de ceux qui les pillaient et accorder la victoire. C'est l'époque des juges. Des messagers temporaires et soumis à la volonté de Dieu.

Israël a connu douze juges durant cette période qui, tour à tour ont défendu l'intérêt national. Le premier qui est mentionné dans la bible c'est Othniel et le dernier Samson (Juges 3.9; 16.31). Ils ont fait régné l'ordre et dispenser droitement la parole de Dieu.

SALOMON, ROI BATISSEUR:
De la gloire à la chute d'un royaume

Pendant l'époque précédant la monarchie, Eli le prêtre et Samuel le prophète jugent Israël (1 Samuel 4.18; 7.15). Et lorsqu'Eli le prêtre meurt, Samuel reste seul à commande sur la destinée des Israelites. Investit de l'autorité à la fois religieuse et judiciaire, il sera l'artisan de l'unité des Hébreux autour d'un roi, véritable souverain. Le peuple manifesta la nécessité d'avoir à leur tête un roi légitimement choisi par Dieu pour régner sur l'ensemble du pays, organiser dans la mesure du possible les tribus éparpillées, et livrées aux agressions des Philistins et autres. L'attente du peuple vis-à-vis de la responsabilité du roi serait également de voir un tournant face à leurs oppressions. D'où le roi devrait penser surtout à poser de nouvelle base de résistance contre les ennemis pour posséder totalement Canaan, leur héritage. Dieu leur donnera alors trois portes flambeaux de la royauté. Il s'agit de Saül, David et Salomon. Ils régneront chacun à son tour pendant quarante années. Ce qui nous fait cent-vingt années de prospérité sous ces Rois oints.

Avoir un roi était fréquent au Proche-Orient dès les temps anciens. Le roi exerçait son autorité sur une région dont le centre était souvent une ville; son pouvoir était héréditaire et reconnu comme lui ayant été donné par le dieu du pays (1).

(1) Dictionnaire biblique pour tous, éditions L.L.B., pages 494

La royauté en Israël est née, en effet, pour des raisons d'ordre humaines; bien entendu, ceci entre dans le dessein providentiel de Yahvé, lui seul se choisissait son oint pour exercer l'autorité sur le peuple, avec une justice quasi divine (Es. 11.1) .Disons clairement que l'Eternel mandatait une part de ses pouvoirs à un homme. A part cet aspect d'Oint du Seigneur, le roi jouait également le rôle de représentant de Dieu auprès du peuple, du peuple auprès de Yahvé, avec une nature religieuse très pointilleux: posséder une foi sans faille, participer à la majesté divine.

SALOMON, ROI BATISSEUR:
De la gloire à la chute d'un royaume

Le roi établi par Dieu lui-même devait recevoir l'onction, une pratique courante dans l'antiquité. Un rite que pratiquaient plusieurs peuples. Ce rite consistait à appliquer l'huile sur une catégorie de personnes choisies par la divinité. L'onction avait un caractère sacré. Chez les juifs, peuple élu de Dieu, l'onction était appliqué sur trois catégories de personne, mise à part pour Dieu, afin d'occuper de charge spécifique au milieu du peuple.

Il s'agissait des sacrificateurs: prêtres, appelés aussi ministres du culte, issus de la tribu de Lévite et qui étaient en plein temps pour s'occuper des holocaustes, de l'encensement, des ablutions, du culte. Au prix de sacrifice, ils enseignaient le peuple à craindre Dieu et à observer ses lois. L'onction était aussi appliquée aux prophètes: porte parole de Dieu. Ils devaient transmettre au peuple, le message qu'ils ont reçu de la part de l'Eternel. Elle était enfin administrée au roi, personne ayant en charge la politique de la nation juive.

Saül sera le premier roi à recevoir l'onction royale. Oint par Samuel, il tombera dans la désobéissance à Dieu. Du coup, l'Eternel préféra David comme roi, à sa place.

Les rois d'Israël ne sont ni des prêtres ni des prophètes, néanmoins, ils ont l'obligation de préserver l'application de loi mosaïque, présider aux grandes fêtes religieuse où le peuple se tient sur le parvis et conserver l'unité nationale au travers de l'arche d'alliance. Le manque d'osmose entre le roi et les tribus provoquerait un démembrement de la piété juive. Chaque tribu s'offrirait le luxe d'ériger un haut lieu en tenant une dévotion locale. Seule l'unité par la royauté pouvait empêcher de dérive cultuelle.

Deutéronome 17.14-20 nous présente les conditions à remplir pour un roi que l'Eternel lui-même établirait sur Israël. « … tu établiras sur toi un roi du milieu de tes frères, tu ne pourras pas te donner un étranger qui ne soit pas ton frère. Mais qu'il n'ait pas un grand nombre de chevaux et qu'il ne fasse pas retourner le peuple en Egypte pour avoir beaucoup de chevaux… Qu'il

SALOMON, ROI BATISSEUR:
De la gloire à la chute d'un royaume

n'ait pas un grand nombre de femmes, afin que son cœur ne s'écarte pas, et qu'il n'ait pas une grande quantité d'argent et d'or. Son cœur ne s'élèvera pas au-dessus de ses frères. » Le Seigneur souhaite avoir un roi avec une foi simple, non hautaine et stable loin de l'hérésie. Un fils du pays, né sur sol de la promesse dont le père et la mère sont israélite de souche. Une monarchie fraternelle favorisant l'équilibre dans la vie courante entre le riche et le pauvre.

Contrairement à Saül et David qui ont eu de parents israélites et ont sut garder cette tradition ascétique de la royauté; Salomon, lui, fils d'une étrangère, s'est avéré être un roi opulent toujours à la quête de la puissance et de l'abondance de l'or, de la séparation d'avec le peuple. Il n'a pas vécu dans la pureté spirituelle comme son père David: un homme qui savait racheter ses fautes en s'humiliant devant la main puissance de l'Eternel pour réclamer la miséricorde de Dieu. Ses ambitions politiques l'ont conduit à contracter de mariages avec des femmes étrangères. Baigné dès son enfance dans un environnement de polygamie, puisque son père David eut sept épouses, Salomon les comptera par centaines surtout les beautés étrangères: Phénicienne, Egyptienne, Hittites, Moabites, Edomites, Ammonites,…

A travers ses femmes étrangères, l'unité religieuse d'Israël fut en danger, d'autant plus que chaque femme apportait ses us et coutumes, bien plus encore leur divinité avec des répercussions lourde dans le temps. Citons à titre exemplatif le dégât spirituel occasionné par Jézabel avec l'intrusion des dieux phéniciens déclenchant subséquemment, des événements horribles pour les serviteurs de Dieu (lire 2 rois 16.29-34;17 à 21). Salomon ne pouvait pas empêcher à ses femmes d'offrir des sacrifices à leurs idoles dans des temples construits par lui-même. Quelle abomination! Pour le peuple élu, Yahvé demeure le Dieu national, le maitre suprême, digne de recevoir adoration. En dehors de l'Eternel, il n'y a pas d'autres dieux.

SALOMON, ROI BATISSEUR:
De la gloire à la chute d'un royaume

Quoiqu'il en soit l'unité autour d'un roi (délégué de Yahvé sur la terre) favorise le travaille de la grandeur nationale. Le roi se donne la peine à construire des édifices, à améliorer le quotidien du peuple,…

SALOMON, ROI BATISSEUR:
De la gloire à la chute d'un royaume

CHAPITRE 2. UN HOMME HORS DU COMMUN

Le nom de Salomon reste associé à la croyance hébraïque, parce qu'il a joué un rôle important dans l'histoire religieuse du peuple juif. De plus, une partie de la poésie biblique lui est accordé officiellement comme étant les siennes. La quatrième année de son pouvoir, il se mit à bâtir le Temple, qui fut achevé en sept ans et demi. Le constructeur du temple, importa le luxe aux splendeurs païennes dans le culte de Yahvé, et pourtant le peuple, de tradition nomade est toujours attaché à la célébration de Dieu sous les tentes de Moïse, ne trouvait guère la nécessité de tous ces fastes dans leur cérémonie religieuse.

Il fut l'homme le plus riche de son époque. La richesse qui était pour certains un concept, avec Salomon, on pouvait à présent la toucher et goûter au bonheur qu'offre la prospérité matérielle. Avec lui, Israël connu un règne de paix et prospérité.

Juge impartial face à l'impossibilité d'établir la vérité dans l'épisode de deux femmes qui se bagarrent pour un bébé, « le jugement de Salomon » lui valu la réputation d'homme sage. Lors de la séance plénière, il feignit de tuer l'enfant, afin de faire jaillir devant lui l'amour maternelle. Ce jugement inouï reste marqué dans la mémoire collectif dans le monde entier.

En bon conducteur d'hommes, il s'inspire de l'administration de son père David: il nomme de hauts fonctionnaires et de conseillers c'est-à-dire des prêtres, secrétaire, héraut, chef de l'armée mais aussi crée de nouvelles fonctions, telles que maitre du palais, chef des préfets et chef de la corvée. La famille du prophète Nathan sera franchement dominante dans ce

SALOMON, ROI BATISSEUR:
De la gloire à la chute d'un royaume

gouvernement. Il forme, en outre, sa communauté des lévites, dévoués uniquement au service d'Etat et institue les écoles pour les former.

Sa réputation retentissante et inattendue était répandue chez toutes les nations environnantes. Il a énormément écrit: on compte par trois mille les proverbes qu'il a prononcés et ses chants sont par millier.

Le Seigneur Jésus-Christ quand il parle de Salomon, il insiste sur sa gloire (Matthieu 6.29). Un monarque redoutable, puissant et en même temps richissime, qui porte sur ses ailes le peuple de la promesse pour vivre la prospérité matérielle.

Tellement riche, il se permet d'avoir tous ce qui est impossible au commun de mortel. La litière du roi est en cèdre du liban; ses colonnes sont d'argent, son baldaquin en or. Le siège, de pourpre sombre, a pour fond une tapisserie qu'on faite en gage d'amour, les filles de Jérusalem (1)

(1)Daniel-Rops, Histoire Sainte: le peuple de la Bible, pages 205 à237; 262è édition, Librairie Arthème Fayard

2.1. SON ENFANCE

Fils du roi David et de Bath-chéba, autrefois épouse d'Urie le hittite (un mercenaire dans l'armée de David), que David fit tuer sur le champ de bataille dans le but de s'accaparer l'amour de cette étrangère. Après ces événements, David alla auprès d'elle et coucha avec elle. Elle accoucha d'un fils qu'elle appela Salomon, parce qu'en règle générale, c'est la mère qui donne au nouveau-né le nom. Dès le premier jour de sa naissance, il fut aimé de l'Eternel (l'histoire est relatée dans 2 Samuel 12.24).

SALOMON, ROI BATISSEUR:
De la gloire à la chute d'un royaume

Son entourage familial était infecté de jalousie et disputes incessantes, vu que son père a grandi dans une société fondée sur la polygamie. Ses demi-frères rivaux étaient sans relâche prêts à s'affronter. L'aîné Ammon abuse Tamar, une de ses demi-sœurs. Elle sera vengée par Absalon, son propre frère, qui tue Ammon. David pleure son fils et est indigné du comportement d'Absalon, qui veut éliminer son père pour accéder au trône. David prendra la fuite. Son fils usurpe donc le pouvoir, couche aves les concubines de son père. David reviendra au pouvoir après une dure bataille entre ses fidèles mercenaires philistins et la troupe de son fils rebelle, qui mourut à l'issue de la bataille.

Salomon était heureux d'être le fils d'un roi guerrier, qui lui apprit la crainte de Dieu et le fit héritier sur son trône. Malheureux, parce qu'il était un demi-étranger. C'est ce qui lui joua un mauvais tour lorsque David devait de choisir un successeur sur le trône, Salomon était relégué au dernier rang.

Faible de caractère et ignorant du protocole de la vie princière, il confessera cela à l'Eternel, au début de son règne, dans une vision à Gabaon, en disant: «accorde à ton serviteur un cœur attentif.»

2.2. ACCESSION AU TRONE

Quand David devint vieux, avancé en âge, ses fils se bataillaient pour la succession au trône. Parmi eux, il y avait Adoniya, fils de Haggith, il était né après Absalom. Dans sa douce euphorie, il éleva ses prétentions de devenir le prochain roi. En effet, au cours de la vie de son père, il s'est continuellement montré bon élève: il faisait la fierté de la famille et l'honneur de David, un digne successeur, qui savait s'attirer la considération de poids lourds du gouvernement de son père.

SALOMON, ROI BATISSEUR:
De la gloire à la chute d'un royaume

Pour évincer d'autre candidat à la course au pouvoir, il se rallie avec Joab, fils de Tserouya, demi-sœur de David, commandant en chef des armées d'Israël et du sacrificateur Abiatar, ministre du culte pour l'ensemble du territoire d'Israël, l'un des conseiller du roi David (1 chroniques 27.34), afin d'obtenir la royauté avant la décès de David, mais son plan machiavélique fut contrecarré.

En réalité, c'est fut qu'une fine minorité du régime de David qui soutenait Adonija. La grande majorité des dinosaures de l'alliance davidique (Psaumes 132.11) étaient contre cette idée d'avoir Adonija comme successeur de David au trône. Voici ceux qui s'opposèrent à cette candidature, il s'agit du sacrificateur Tsadoq prêtre à la cour de David, Chargé de l'arche de l'alliance (2 Samuel 15.24); de Banayahou fils de Yehoyada, officier de la garde étrangère de David (2 Samuel 8.18);le prophète Nathan, Chimei, Réi compagnon de guerre et officier de David (1 Rois 1.8) ainsi que tous les vaillants hommes de David.

L'aspiration au pouvoir fit perdre le sens à Adonija. Au lieu d'attendre la bénédiction de son père, il s'autoproclame roi, et ce, pendant que David végète dans le froid, incapable de tenir les règnes du pays. Affaibli par le poids de la vieillesse. Enfermé dans sa chambre, au grand soin d'Abichag, la belle jeune fille Sunamite, il ignore tous les combines de son fils.

Les coulisses du pouvoir réservent parfois bien de surprise. Il y a certaines décisions qui se prennent dans le secret absolu et des nominations arrangées au préalable. Le prophète Nathan, une fois qu'il apprit toute les sombres machinations d'Adoniya, il a eut cœur de renverser la situation en faveur de Salomon. Pour cela il va voir Bath-chéba et proposer un contrat de soutient à la candidature de son fils Salomon, au poste de roi. Les deux se mettent d'accord sur le discours à tenir dans le but de convaincre le roi David à nommer Salomon officiellement en tant que son successeur au trône.

SALOMON, ROI BATISSEUR:
De la gloire à la chute d'un royaume

Arrivé devant le roi David, Bath-scheba entame une défense émouvante pour son fils, tout en expliquant comment Adoniya à recouru à des moyens illégales pour se dire aujourd'hui roi, sans l'approbation de son père. Tandis qu'elle parlait encore avec le roi, le prophète Nathan, en parfait stratège fait son entrée, dans l'intention de changer la position de fait auquel Israël se retrouve plongé: un roi vieux qui n'a pas encore choisi son successeur et l'un de ses fils qui s'est autoproclamé roi, entouré des dignitaires de l'administration de son père. A présent, le prophète doit essayer d'amener le roi David à trancher sur cette crise institutionnelle. Bien sûr en lui proposant de désigner son outsider, en la personne de Salomon. Et, pendant qu'il s'exprimait avec franchise sur la question de succession, Bath-chéba quitta devant la présence du roi afin de ne pas éveiller un soupçon de complot.

L'homme de Dieu, le prophète Nathan dit ensuite: O roi, mon seigneur, c'est donc toi qui as dit «Adoniya régnera après toi et c'est lui qui siègera sur ton trône!» Il parla ainsi pour importuner le roi David dans sa réponse. Il répliqua: tous disent vive le roi Adoniya! Que ce soit les fils du roi, les chefs de l'armée et le sacrificateur Abiathar, ils sont tous unanime à son l'élection. Ils le soutiennent comme si de rien n'était. Quant à nous autres, nous sommes des exclus et même pas invité pour son investiture.

Toutes ces vérités troublèrent profondément le roi David, il sauta de colère, puis ordonna à ses serviteurs d'appeler Bath-Chéba. Elle vint se présenté devant lui, alors le roi fit promesse à Bath-Chéba, lui déclarant ces mots: « ton fils Salomon régnera après moi et siègera sur mon trône à ma place, aujourd'hui même. »

Bravo! Prophète Nathan, tu as réussi à renverser le jeu et pousser David à élire rapidement son successeur.

Dans les heures qui suivirent le roi David recommanda qu'on fasse monter Salomon sur sa mule et le faire descendre à Guihon (source située à l'est de Jourdain). C'est là que le prophète Tsadoq et le fameux prophète Nathan,

SALOMON, ROI BATISSEUR:
De la gloire à la chute d'un royaume

fidèles au roi, eux qui n'ont point participé à la conspiration d'Adoniya contre David vont à présent oindre solennellement Salomon comme roi sur Israël. Pour sceller ce rite d'intronisation par le moyen de l'huile d'onction, les serviteurs de David qui les accompagnés sonnèrent du cor et tous le peuple crièrent à voix forte: vive le roi Salomon!

Pendant que la cérémonie d'investiture se dérouler encore, Benayahou, fils de Yehoyada, prononce de bénédictions pour le règne de Salomon (1 Rois 1.37). Sa prière attira la présence de Dieu et l'honneur durant toute la royauté de Salomon, avant même que ce dernier fasse un grand sacrifice à l'Eternel aux premiers jours de son administration. Voici la prière dite par Benayahou au nouveau roi: comme l'Eternel a été avec mon seigneur le roi, qu'il soit avec Salomon et qu'il élève son trône plus que celui de mon seigneur le roi David!

Effectivement Salomon deviendra fort renommé. Un roi supérieurement intelligent, compétent en matière d'organisation politique, assoiffé d'atteindre la sagesse suprême. Il est cet homme que tout le monde souhaiterait être. Le Bill Gate d'Israël antique. Il rendra le nom d'Israël grand à travers le monde, de par le développement des voies maritimes, sa richesse; son maintient des alliances de paix. Un excellent diplomate, qui a sut rassembler et apaiser les tensions tribales.

Tout le peuple d'Israël se réjouit d'avoir Salomon comme roi. Il jouait de la flute et se livrait à une grande joie. D'ailleurs, la terre s'ébranlait par leurs cris, qui finalement parvinrent aux oreilles d'Adoniya et ses invités. On le fit comprendre que son père à établi Salomon roi. C'est un acte légitime. L'Eternel a tranché. Toute cette confusion est arrivée seulement pour que Dieu élève, son serviteur.

SALOMON, ROI BATISSEUR :
De la gloire à la chute d'un royaume

A l'annonce de la nomination de Salomon à la magistrature suprême, son demi-frère Adoniya, conscient du chaos qu'il avait occasionné et du tort qu'il fit à leur père, il admit malgré lui que l'histoire a changé. Dieu à redistribuer les cartes du pouvoir. Voyant sa fin arrivé, il décida de saisir les cornes de l'autel par crainte de mourir par l'épée. Châtiment réservé aux ennemis d'Israël. Par contre, Salomon l'accordera sa clémence, puisque c'est lui maintenant qui peut décider de la vie ou de la mort de ses ennemis.

Cependant, le roi David n'a plus fait mention du mauvais comportement de son fils Adoniya, il le pardonna, d'autant plus que l'ordre était revenu. Toutefois, avant de mourir, il donnera des instructions à son fils Salomon :

Au sujet de voie divine, c'est-à-dire les desseins de Dieu (Psaumes 67.3) pour l'homme. Il rappelle à son fils, si tu veux réussir dans tes entreprises, soumets toi à la volonté de Dieu et sa présence sera manifeste tous les jours de ta vie. Josué, fils de Noun, assistant de Moïse, reçu aussi les mêmes recommandations lorsqu'il prit la conduite des opérations pour la conquête de la Terre Promise. L'Eternel lui dit : « ce livre de la loi ne s'éloignera pas de ta bouche ; tu y méditeras jour et nuit pour observer et mettre en pratique tout ce qui y est écrit, car c'est alors que tu mèneras à bien tes entreprises, c'est alors que tu réussiras » (Josué 1.8).

Etre prudent avec les gens qui t'entourent, parce qu'on ne sait jamais qui peut te trahir. Ce qui est sûr, la personne qui connait à fond tes secrets, c'est lui qui sera le premier à te poignarder dans le dos, dès que l'occasion se présentera.

Faire preuve de gratitude le long de ton aventure royale au fils de mon très cher ami Barzillaï, le Galaadite : ils ont été proches de moi en m'offrant de la nourriture (2 Samuel 17.24-27), pendant que ton demi-frère Absolom en voulait à ma vie.

SALOMON, ROI BATISSEUR:
De la gloire à la chute d'un royaume

Le jour où j'allais à Mahanaim, un Benjamite de Bahourim souilla mon honneur. Il s'agissait de Chiméï, fils de Guéra. Tu devras te venger contre lui, vu qu'il osa prononcer sans raison apparente des malédictions violentes à mon égard.

2.3. LE POUVOIR

En bon disciple, Salomon se souvient des ignobles trahisons d'Adoniya, du sacrificateur Abiatar, Joab, chef d'état major du gouvernement David et de Chiméï. Par prudence, il s'attèle à écarter de son pouvoir les opposants à son régime. D'abord il élimine son frère Adoniya, qui malgré la preuve de clémence qui lui a été faite tentera de nouveau à récupérer illégalement la royauté en épousant Abichag. Selon les mœurs d'Orient, vouloir marier celle qui avait pris soin de David durant sa vieillesse, c'est déjà prétendre au pouvoir.

D'un côté, Adoniya était tout à fait dans ses droits de réclamer le pouvoir d'autant plus qu'il était le plus grand et fils légitime de David. La royauté lui appartenait. Tous les regards d'Israël étaient tournés vers lui, mais l'Eternel des armées éleva Salomon à ce prestigieux titre de roi.

Comme si cela ne suffisait pas, il démet le sacrificateur Abiatar de ses fonctions, simplement parce qu'il a fait partie du complot destiné à installer Adoniya sur le trône. Chose étonnante, Abiatar appartenait à la famille d'Eli dont les fils apportaient de feu étranger dans le service divin et duquel le sacerdoce avait été retiré par une prophétie divine prononcée par Samuel. Voyez-vous comment est-ce que les liens familials de malhonnêteté, de fraude, de tricherie dans le ministère ont dû parvenir jusqu'à Abiatar. Dison-le clairement, l'homme de Dieu a besoin aussi de la délivrance. Sinon ce qui pourra advenir dans sa fonction pastorale, c'est le rejet, à l'image d'Abiatar,

SALOMON, ROI BATISSEUR:
De la gloire à la chute d'un royaume

chassé du sacerdoce de l'Eternel. Il sera remplacé par le sacrificateur Tsadoq.

On peut aller dans une contrée lointaine faire étalage de ses études théologiques, servir l'Eternel, ou apporter une touche décorative à l'église; toutefois ce rejet existera et empêchera les écluses des cieux de s'ouvrir sur son ministère. Et, la personne écartée, reconnais que le Seigneur l'a mis de côté, quoique l'exercice de son ministère continue.

Après avoir démis Abiatar de ses fonctions, Salomon choisit Benayahou, fils de Yehoyada afin exécuter tous ses ennemis et contrôler les forces militaires. C'est lui qui va abattra Joab, l'ex-général du roi David, indépendant de caractère, il était un élément très inquiétant pour le règne de Salomon. Cela devait arriver un jour ou l'autre, étant donné son esprit rebelle contre l'administration David, qui à un certain moment ne remplissait plus ses devoirs vis-à-vis du roi. Il a versé beaucoup de sang pour atteindre ses ambitions.

Sa faute la plus grave, qui ne peut être pardonné c'est parce qu'il a frappé deux hommes plus justes et meilleurs que lui, puis les a tués par l'épée, sans que David soit au courant. Il s'agissait d'Abner, fils de Ner, cousin de Saül, jadis chef de l'armée de celui-ci (1 Samuel 14.50), et Amasa, chef de l'armée rebelle d'Absalom; David pardonnera sa trahison, le réintègre dans son armée et fut nommé général en remplacement de Joab qui ensuite le tua (2 Samuel 17.25; 20). Pire encore, il tua Absalom dans la forêt d'Ephraïm lors de la bataille entre l'armée rebelle d'Absalom et celle de David. Dites moi, comment est-ce que Salomon pourrait-il accepter de travailler avec un meurtrier? En plus, l'assassin de son demi-frère. C'est totalement impossible.

SALOMON, ROI BATISSEUR:
De la gloire à la chute d'un royaume

Pour terminer, le dernier dans la liste de conspirateurs contre le roi était Chimeï. Parenté à Saül, il osa maudire David (2 Samuel 16.5) et sema volontairement la discorde. Raison pour laquelle, il reçu également son lot de vengeance, de la part de Salomon. Condamné à résidence surveillée, il mourra trois ans plus tard sous l'épée de Benayahou, redoutable bourreau au service du roi.

Après ces douloureux massacres, le règne de Salomon fut tout à fait affermi. Il songea même à honorer sa mère en plaçant pour elle un trône à sa droite. Il eut du succès, et tout Israël l'obéit (1 Chroniques 29.23-25).

2.4. LES HAUTS FONCTIONNAIRES

En tant que roi sur tout le territoire d'Israël, Salomon avait le devoir de former un gouvernement pour conduire les affaires du royaume. Pour ce faire, il continue la politique de son père: réorganiser au mieux l'administration mise en place par David.

Voici la liste de ses ministres et des départements:

Secrétaires: Azariahou, Elihoreph et Ahiya

Archivistes: Josaphat

Chef d'armées: Benayahou.
A vrai dire l'armée d'Israël était déjà organisée au temps de Saül. Il y avait des jeunes qui affluaient de toutes les tribus et voire un nombre considérable des mercenaires philistins, qui ont toujours été fidèles au roi David.

SALOMON, ROI BATISSEUR:
De la gloire à la chute d'un royaume

A la tête de cette imposante armée de dissuasion que Salomon avait dotée de chars pour déployer sa force, Benayahou lancera des attaques contre les Cananéens, au point de les détruire complètement et les réduire à la condition d'esclaves corvéables à merci. Il faut se rappeler que ces redoutables engins de guerre ont fait la force des Pharaons, des rois Hittites et les Philistins.

Sacrificateurs: Tsadoq et Abiatar

Surveillants des préfets: Azariahou, fils de Nathan

Prêtre: Zaboud

Surveillant de la maison du roi: Ahichar

Surveillant des corvées: Adoniram.

Douze préfets sur tout Israël:

Ils avaient la mission d'assurer à l'entretien du roi et de sa maison, chacun y pourvoyait pendant un mois de l'année (1 Rois 4.7-19). Salomon avait imité la politique de l'Egypte à ce sujet. Car, les besoins en nourriture de sa cour représenter une grosse charge (1Rois 5.2).

Ensemble avec le roi, ils ont travaillaient pour la prospérité d'Israël. Le peuple mangeaient à satiété, buvaient et se réjouissaient. C'est sera une période d'organisation et de progrès administratif.

SALOMON, ROI BATISSEUR:
De la gloire à la chute d'un royaume

CHAPITRE 3. SALOMON ET LE MARIAGE

Dieu a créé le mariage pour éliminer la solitude et l'isolement du premier homme dans le jardin d'Éden. L'Eternel a donné à Adam Eve à des fins de complémentarité dans le objectif d'agir en tant que partenaire idéal dans les moments de bonheur et des difficultés, mais aussi et surtout pour la procréation.

En règle générale, le mariage est un contrat qui uni deux personne nubiles, de sexe différent, ne possédant aucun lien de parenté ni en ligne directe ni en ligne collatérale. Les contractants n'admettent pas la bigamie ou la polygamie, et consentent librement à se marier pour fonder une famille et trouver:

L'affection.
c'est le fondement de l'harmonie conjugal. «il faut la cultivée dans le mariage. La sexualité est un élément essentiel d'une vie familiale...chacun trouve une nouvelle dimension à l'amour et un nouveau sens de l'unité du couple. »(1)

 (1) Theodore Z. Arden: A Husband end wives (Associated Press, New York, 1965)

Le bonheur conjugal. On ne l'obtient pas automatiquement, au moment de la bénédiction nuptiale, contrairement à ce qu'affirment les contes pour enfants:« Ils se marièrent et furent toujours heureux...» On construit le bonheur conjugal à travers nombre d'embuches et des difficultés(2).

 (2) Voire l'article l'Harmonie psychologique, pages 348 à 421

SALOMON, ROI BATISSEUR:
De la gloire à la chute d'un royaume

La procréation et l'éducation des enfants. L'arrivée de l'enfant (surtout du premier) bouleverse profondément la vie du couple. Son équilibre à deux pôles,... doit céder la place à un équilibre à trois pôles. L'adaptation du couple à cette nouvelle situation commence très tôt, dès les premiers signes indiquant que la femme est enceinte(3).

(3) La vie du couple: comprendre-savoir-agir (by Centre d'Etudes et de promotion de la lecture, Paris, 1969), pages 126

La réussite sociale qui se mesure au train de vie économique et financière.

En effet, le plus important dans une union conjugale, c'est la fidélité: les époux ne doivent pas avoir de relations sexuelles avec un autre que le conjoint. Ils doivent habiter un même toit, et s'assister mutuellement dans des décisions difficiles et aussi dans les charges essentielles à l'entretien du ménage.

Considéré comme acte social et culturel, Il existe deux formes de mariage: civil et religieux.

Le mariage civil, «c'est un contrat civil et solennel par lequel l'homme et la femme s'unissent en vue de vivre en commun, de se prêter mutuellement secours et d'élever leurs enfants »(4)

(4) Planiol et Ripert: Traitement de droit civil (Librairie générale de droit et de jurisprudence, Paris)

Le mariage civil peut être dissous que par l'autorité judiciaire, et pour des raisons déterminées, alors que le mariage religieux est indissoluble de par son caractère sacré, et ne peut être rompu que par le décès de l'un des conjoints. Pour la foi de l'Eglise, le mariage est d'institution divine, donnant une bénédiction de Dieu tout au long de la vie conjugale.

SALOMON, ROI BATISSEUR:
De la gloire à la chute d'un royaume

Qu'en est-il alors de la forme du mariage contracté par Salomon? Il a hérité de son père David la coutume de la polygamie (du grec« polus », plusieurs). Il s'est uni avec plusieurs femmes et vivait des relations extraconjugales. Il prit pour femme, une païenne, la fille du Pharaon et l'amena dans la cité de David (1 Rois 3.1). Un mariage à coloration politique qui lui permit de signer sa première alliance dans un pays étranger.

Et pourtant, l'Eternel avait interdit tout mariage entre Israël et d'autres nations étrangères. Salomon aimait beaucoup les femmes étrangères. Il eut sept cent princesses pour femmes et trois cents concubines (une vraie polygamie). Entrainé par l'amour, son cœur fut détourné vers le mal. Il s'adhéra aux dieux de ses femmes et rendu culte à: Astarté, divinité des Sidoniens; à Molok, l'abomination des Ammonites; à Kemoch, la divinité de Moab.

Dans l'Ancien Testament, la polygamie est un reconnu comme un mariage normal. Il n'y a pas de place pour le célibat. Pourtant, l'Eternel met en garde les rois Hébreux contre la polygamie (Deutéronome 17.17), parce que cela lui attirera de problème et finira par tomber dans le péché.

Salomon n'a pas suivi les coutumes du mariage de son temps, qui exigeait à ce que les parents de l'homme choisissent la femme pour leur fils (Genèse 21.12; 38.6). Je ne parle pas d'un mariage forcé, puisque l'homme aussi pouvait décider de prendre en mariage la femme qui lui plaît et après laisser ses parents régler les détails. Le choix du conjoint se portait fréquemment parmi la famille élargie (Lévitique 18). Après quoi le mariage était conclut.

Les célébrations pouvaient durer une semaine (Genèse 29.27). Le marié pouvait couvrir la fiancée d'un manteau, symbole de son engagement à prendre soin d'elle (Ruth 3.9; Ezéchiel 16.8). Le mariage pouvait être concrétisé par un contrat écrit (Tobit 7.16). Une chambre nuptiale était préparée spécialement. Le mariage y était consommé, peut-être après la

SALOMON, ROI BATISSEUR:
De la gloire à la chute d'un royaume

prière (Psaumes 19.5). Un linge taché de sang pouvait prouver la virginité de la fiancée en cas de contestation ultérieure (Deutéronome22.13) (5).

(5) Dictionnaire biblique pour tous, pages 338-339, éditions L.L.B.

En effet, le roi Salomon a vécu à l'opposé des traditions de son époque en matière de mariage. Il eut plusieurs femmes. Son amour pour elles était-il passionnel ou sincère? Suffisant pour former réellement une famille au vrai sens du terme, sachant que Dieu recommande à l'homme d'aimer sa femme de tout son être (Deutéronome 6.5), et non d'avoir un goût poussé pour les femmes.

A vous de juger.

SALOMON, ROI BATISSEUR:
De la gloire à la chute d'un royaume

CHAPITRE 4. TRAVAUX ADMIRABLES

Salomon a continué la politique de son père, David, en consolidant le royaume, et s'est engagé dans de nombreuses entreprises commerciales. Sa richesse et sa réputation n'ont cessé de croître. La grande entreprise de son règne a été la construction du magnifique temple de Jérusalem, qui a pris sept ans (1 Rois 5-6). Lorsqu'il a été achevé, Salomon fit une prière de dédicace et offrit à l'Eternel un sacrifice de 22.000 têtes de gros bétail et 120.000 têtes de petit (2 Chroniques 6.12;7) (1)

(1) La Bible Thomson, Etudes de personnages, pages 4257, éditions Vida

C'est à la quatrième année de son règne sur Israël, que Salomon a réussit à instaurer une période de paix, il était fière de lui et peut se consacrer maintenant à la construction des grandes entreprises. Grâce aux matériaux fournis par le roi de Tyr, excellent ami de David, lequel envoya une délégation des architectes et ouvriers qualifiés pour la construction de « la cité de David ». Avec son concours, Salomon réussira à bâtir deux maisons. Au bout de vingt ans, la maison de l'Eternel et la maison du roi été achevé.

Le temple avait 700 coudées de longueur, 20 coudées de largeur, 30 de hauteur. Le roi avait recouvert d'or toute la maison ainsi que tout l'autel qui était devant le sanctuaire. A proprement parlé, le temple n'était pas aussi grand que l'on pourrait penser. Il ne mesurait pas onze mètres de large, et sa longueur totale n'en faisait que quarante. Petit mais étincelant, car Salomon avait investi beaucoup dans le trésor de l'Eternel (Josué 6.19) avec les plus beaux bois du monde: le cyprès pour recouvrir le sol du temple, le bois de cèdre pour la construction des murs intérieurs, le bois d'olivier pour bâtir les deux chérubins sauvages, les palmes pour l'ornement, des fleurs épanouies...

SALOMON, ROI BATISSEUR:
De la gloire à la chute d'un royaume

Pour ces immenses constructions, le roi fait appel aux hommes de corvée, il s'agissait des fils de tout le peuple qui était resté des Amoréens, des Hittites, des Phéréziens, des Héviens et des Yébousiens, dont les Israelites n'avaient pas vouer à l'interdit, après avoir conquis Canaan. Il les réduits en esclavage. Par contre, les Israelites avaient d'autres fonctions plus nobles, car ils étaient des hommes de guerre toujours prêts à défendre le nom d'Israël, certains étaient des serviteurs à la cour royale, chefs préposés sur les travaux de bâtisse, écuyers du roi, chefs de ses chars et de sa cavalerie.

4.1. LE ROI COMMERCANT

Il initie la coopération extérieure avec Hiram, un certain roi de Tyr qui exige à ses serviteurs d'aller à Sidon (ville fortifiée et port de l'ancienne Phénicie) couper du bois de cèdre, qui symbolise la grandeur à travers sa haute taille (Psaumes 92.13) et de bois de cyprès (Esaïe 41.19), puisque les Sidoniens s'étaient forgé la réputation de couper les arbres d'une manière très spéciale et de travailler le bois formidablement bien. Car, cela servirait pour les travaux qu'entreprend Salomon.

Mais pourquoi Salomon importait-il du Liban cèdres et cyprès? Parce qu'ils poussaient à foison sur le mont Liban et la qualité du bois était excellent pour fabriquer les charpentes des toits, les armatures des murs, les cadres de portes et fenêtres. D'où l'importance de commercer avec les Sidoniens.

Le monde des affaires s'ouvre au roi. En échange de sa coopération, Salomon donna à Hiram chaque année plusieurs tonnes de froment pour l'entretien de sa maison et une affaire de 20.000 litres d'huile d'olives. Il

SALOMON, ROI BATISSEUR:
De la gloire à la chute d'un royaume

savait bien traitait les hommes avec qui il concluait des affaires. Et surtout s'il trouvait ses intérêts. (2)

(2)Daniel-Rops, Histoire Sainte: le peuple de la Bible, pages ...; 262è édition, librairie Arthème Fayard.

En outre, la soif de bâtisse avait occasionné des difficultés financières. Salomon eut du mal à s'acquitter de ses engagements envers Hiram. Il lui donna alors vingt villes dans le pays de Galilée. Malheureusement cela ne lui plut guère. Toutefois, comme l'acte était d'une grande compréhension, il accepta et il les appela pays de Kaboul.

C'était dans l'intérêt de Salomon de sceller l'amitié avec Hiram, d'autant plus qu'à son époque la puissance dominante de Phénicie était Tyr. Très riche, colonisatrice, elle possédait ses banques, ses docks, ses ateliers de réparation, ses chantiers. Un vrai modèle à imiter. En effet, Les phéniciens avaient une formidable connaissance de la mer, du fait qu'ils sont installés sur des ilots et que le liban tombe raide en pleine mer, cela poussa les habitants à devenir des brillants marins et négociants.

Sur le plan de commerce extérieure, Israël n'avait pas grand-chose à proposer, seulement une quantité minime de blé, de l'huile et du vin déjà insuffisant pour la consommation locale, mais grâce à la politique de marché mise en place, Israël réussit à exporter ses denrées vers la Phénicie au nord, et du fer vers l'Egypte au sud (Ezéchiel 27.12-25). De la laine aussi était exportée d'Israël.

Le commerce a toujours fait partie du quotidien chez les juifs. Ils se réunissaient le jour du sabbat. Passaient le reste de la semaine à prendre soin de leur famille. Cultivaient leurs champs, vu que l'économie était presque agricole. Et, pêchaient en mer ou s'occupaient de leur magasin. Par

SALOMON, ROI BATISSEUR:
De la gloire à la chute d'un royaume

conséquent, Salomon transformera tant bien que mal l'économie du pays afin d'éviter une crise sociale.

En outre, il développa le commerce avec les états arabes et africains d'où il importait des épices et de l'or. L'asphalte de la mer Morte, par son importance économique, influençait la politique intertestamentaire (3).

(3) Dictionnaire biblique pour tous, pages 112, éditions L.L.B.

Il se livre également au commerce des chevaux, organise l'importation et l'exportation. Pour cela, il choisira minutieusement un groupe de marchand passionnés d'équitation pour faire régulièrement de navette entre Israël et l'Egypte, afin de ramener des chevaux par peloton, à un prix déterminé, sachant que un char monté d'Egypte valait pour 600 (sicles) d'argent, et un cheval pour 150 (sicles). Ils en amenaient de même avec eux pour tous les rois des Hittites et pour les rois de Syrie (1 Rois 10.28-29). Son idée était d'acheter pour revendre.

Le trafic maritime ne cesse de fleurir, puisque Israël apprirent l'art de la mer auprès de Hiram et ses Tyriens. Pour raison d'affaires, les Hébreux menèrent des expéditions en Méditerranée, vers les pays d'Orient et au pays d'Ophir, pour rapporter enfin de compte les singes, les paons, les parfums et les pierres précieuses. Le pays des Hébreux est devenu un centre de commerce international avec son port principal qui était Etsyon-Gueber sur le golfe d'aqada (1 Rois 9.26 ; 10.11).

Le roi rendit l'argent aussi commun à Jérusalem que les pierres (1 Rois 10.27), et il permit à ce que les cèdres soient aussi nombreux que les sycomores qui sont dans la chephela (c'est la région des villes qui s'abaissent des monts de Judée vers la Méditerranée). Par contre, les pièces de monnaie n'étaient pas encore utilisées à cette époque.

SALOMON, ROI BATISSEUR:
De la gloire à la chute d'un royaume

C'est sur la côte Syrienne, dénué de plaines, que Salomon importera la majeure partie du bois de haute qualité pour la construction de ses navires. Car, la configuration du pays favorisait la croissance de cèdres. Ce qui facilita le travail à ses hommes dans les chantiers. La coque de bateaux était fabriquée en planches de cyprès, le mât du voilier fait avec du bois de cèdre, les paires de rames en chênes, ... (Ezéchiel 27).

En résumé, les investissements de Salomon, en tant que commerçant étaient aussi diversifiés que sa prospérité le lui permettait (Ecclésiaste 11.2), parce que ses ambitions lui poussaient à être diligent dans les affaires au vue des aléas du marché qui peuvent à tout moment bouleverser l'avenir.

4.2. LES GRANDES ENTREPRISES

Salomon fit maintes entreprises. En Galilée, c'est la reconstruction des villes que lui donna Houram. Son esprit de conquête lui pousse à marcher contre Hamath de Tsoba (une des plus anciennes villes de Syrie), et s'en rendit maître. A Tadmor et à Hamath, il s'y rend pour bâtir les villes servant d'entrepôts. Il rebâtit Beth-Horon la haute et Beth-Horon la basse (villes jumelles d'Ephraïm), villes fortes, ayant des murailles et des portes avec des barres (2 Chroniques 8.5).

A Baath, il reconstruit complètement la ville et bâtit par la même occasion, des villes servant d'entrepôts, des villes pour les chars qui étaient au nombre de mille quatre cents, huit milles chevaux de sa cavalerie acheté en Egypte et douze milles cavaliers, qu'il dirigea dans des villes de garnison (1 Rois 10.26). Par ailleurs, pour l'entretien de ces corps d'élites et de ses écuries, Salomon institue à Jérusalem, au Liban et dans tout le pays où il détenait le pouvoir de se faire servir (2 Chroniques 8.1-6), l'impôt de la « coupe de roi ».

SALOMON, ROI BATISSEUR:
De la gloire à la chute d'un royaume

Il ne s'arrêta pas là dans ses travaux forts utiles. De Jérusalem où il établi son palais, il ira à Hatsor puis à Meguiddo aux frontières du royaume fortifier ces villes. La ville de Guézer est très particulière parce que le Pharaon, roi d'Egypte s'était emparé de la ville et l'avait offerte pour dot à sa fille, femme de Salomon. Toutefois, il la rebâtira avec le concours des hommes de corvée (1 Rois 9.15-16).

Le plus surprenant de ses réalisations, c'est la construction des navires à Etsyon-Guéber, près d'Eilath. Avec l'aide de Hiram, son partenaire privilégié, qui met à sa disposition ses propres serviteurs, des matelots qui connaissent bien la vie en mer, afin de se rendre à Ophir pour chercher de l'or (1 Rois 9.26-28), Salomon y exploitera les mines de cuivre et de fer, ainsi que des fonderies.

Cependant, après avoir achevé la construction du temple, il se mit à l'ouvrage pour bâtir son palais. Composé d'un style abondant d'édifices, divisé en deux bâtiments complexe, d'un côté il y a cet aménagement luxueux pour le harem royal, l'autre réservé exclusivement pour sa première femme égyptienne. Et le tout était encerclé d'une enceinte qui constituait la cour initiale du temple.

A vrai dire pour bâtir sur un site, il faut d'abord l'aplanir, faire le relevé du terrain avec un cordeau et une canne à mesurer (Ezéchiel 40.3), ensuite un chef de travaux supervisait les ouvriers, puis vient la pose de fondations. Pour le temple, les fondations étaient constituées de blocs de pierre, tirés de sombres carrière et taillés (1 Rois 5.31). En revanche, pour rendre le bâtiment plus solide, les implantations étaient souvent renforcées par des murs épais et des forteresses.

La Bible utilise quelquefois le mot bâtisseur pour illustre certaines vérités spirituelles: Dieu est l'architecteur par excellence, Christ est la pierre

SALOMON, ROI BATISSEUR:
De la gloire à la chute d'un royaume

angulaire, nous sommes le temple du Dieu vivant, l'édifice spirituelle, si l'eternel ne bâtit la maison,... Bref, mettons-nous debout et bâtissons la maison de l'Eternel (Aggée 1.8). Car, l'Eglise est encore en chantier, une construction en cours avec plein de poussière, de bruit sec, de courant d'air, de gravats dont on doit se débarrasser, mais aussi de progrès en voyant le bâtiment sortir de terre et prendre la forme voulu par l'architecte.

SALOMON, ROI BATISSEUR:
De la gloire à la chute d'un royaume

CHAPITRE 5. LES TRESORS DE LA MAISON DE L'ETERNEL

« Tout l'argent, l'or et les objets de bronze et de fer sont consacrés à l'Eternel: ils entreront dans le trésor de l'Eternel. » (Josué 6.19).

Connaissant la grandeur de notre Dieu, à qui appartient la terre et ce qui la remplit, le roi Salomon désirait embellir d'une manière exeptionnelle la maison de l'Eternel en lui dotant d'une partie agréable de la décoration. Puisque l'Eternel est propriétaire de tous nos biens (Deutéronome 10.14; Aggée 2.8), il est tout à fait normal de lui donner le droit de tous ce que nous possédons.

Il appelle à cette occasion son ami Hiram, roi de Tyr (de 979 à 946), fils d'une veuve de la tribu de Nephtali et d'un père Tyrien, habile pour travailler le bronze. Celui-ci était un fanatique de grands travaux, et doué pour exécuter toutes sortes d'ouvrage de bronze. Il lui procure les matériaux et main-d'œuvre.

Voici ce qu'il fit comme chef d'œuvre pour le temple:

Il moula les deux colonnes de bronze,

Il fit les deux chapiteaux en fonte de bronze,

Il réalisa des trellis en forme de réseaux, des cordons fabriqués en chaînette,

Il met des grenades en deux rangs, autour de l'un des treillis,

Il dressa les colonnes pour soutenir les chapiteaux près du vestibule du temple, après il monte la colonne de droite et la nomme Yakin (qui veut dire il affermit), puis il installe la colonne de gauche et le nomme Boaz (c'est-à-dire en lui la force), elles avaient un mètre de diamètre et neuf mètres de haut,

Il dispose la mer de bronze, vaste bassin de 5 mètres de diamètre pour les ablutions, et des coloquintes l'entouraient au-dessus de son bord. Dispersées sur deux rangs, elles étaient fondues avec la mer en une pièce,

SALOMON, ROI BATISSEUR:
De la gloire à la chute d'un royaume

Il fit les dix bases de bronze destinées à supporter des bassins. Pour comprendre comment étaient faites ces bases, consultez la Bible dans le livre de 1 Rois 7.28-30, 40-51.

Hiram fit également dix cuves de bronze. Chaque cuve était sur l'une des dix bases.

Le Temple se composait de trois pièces en enfilade: on accédait au vestibule (Ulam) par une double porte, une grande salle (Hekal), fermée elle aussi par une double porte, contenait le mobilier cultuel: l'autel pour l'encens, la table pour les pains de propositions, dix candélabres ainsi que de nombreux accessoires. Le saint des Saints (Débir), résidence de l'« Arche de la Loi de Yahvé »,... Ce Temple de Salomon fut détruit en 587 av. J.-C. lors de la prise de Jérusalem par Nabuchodonosor, roi de Babylone (1).

(1) D. Auscher - PH. Béguerie - J. Tournus, Itinéraires bibliques, pages 221, édition du cerf, 1989.

5.1. LA NOTION DE RASSEMBLEMENT

Dans un roi, chapitre huit, Salomon nous donne des éléments importants concernant notre communion avec l'Eternel quand nous sommes réunis en assemblée. Le jour de la dédicace du temple, il y avait devant lui, tous le corps de la classe religieuse, à savoir les anciens, les chefs des tribus, les chefs de famille. Ils étaient réunis auprès du roi pour faire monter l'arche de l'alliance de l'Eternel depuis la cité de David, qui est Sion. En réalité, le but du rassemblement était pour: l'adoration, la prière, l'instruction, l'offrande et la louange.

Où se trouve le lieu idéal de rassemblement approuvé par Dieu? En effet, C'est sur la montagne de Morija que Salomon érige le temple, lieu où Abraham avait jadis offert Isaac en sacrifice et David, lors de la peste qui

SALOMON, ROI BATISSEUR:
De la gloire à la chute d'un royaume

ravagea Israël, monta pour offrir à l'Eternel les sacrifices. Ceci veut tout simplement dire que lorsque deux ou trois sont assemblés au nom de Jésus-Christ, dans la maison de Dieu pour prier, glorifier Dieu (Luc 24.53), la présence divine est au milieu d'eux. Tel est le message que Salomon veut nous transmettre aujourd'hui.

Quand les chrétiens se réunissent expressément, dans la maison de Dieu, pour ces raisons là, acceptent la Bible comme seule règle de conduite (2 Timothée 3.16) et obéissent à la Parole de Dieu, l'Eternel descend pour combler de biens son peuple. Cependant, la maison de Dieu désigne tout lieu où Dieu se révèle (Genèse 28.17, 22), à savoir le tabernacle (Exode 23.19), les autres sanctuaires israélites (Juges 18.31), le Temple de Salomon, et bien entendu nos assemblées locales.

Les Chrétiens sont en bénédictions, car ils adorent un Dieu qui est Esprit. C'est pourquoi, les Saintes Ecritures recommandent à tous ceux qui s'approchent de Dieu à croire qu'il existe et qu'il est capable de donner la réponse à toutes les questions vitales. Par conséquent, on peut l'invoquer (dans la prière, bien sûr) en esprit et en vérité, loin de doctrine, de divisions, traditions ou légalisme. La prière est le seul moyen de nous approcher de Dieu pour solliciter son aide, pour implorer le pardon, la protection, la guérison ou le secours au temps de la détresse (Psaumes 51;59;22;61;109). En outre, il n'y a pas de règles établis quant à la disposition à adopter pour prier. Selon les besoins ou les circonstances, on peut prier les mains levées (Psaumes 28.2), ou se tenir debout (1Samuel 1.26), à genoux (1 Rois 8.54), prosterné (1 Rois 18.42).

La prière chrétienne n'est pas un acte de mysticisme où l'on cherche à atteindre un sommet de perfection, à travers de formules magiques, répétées à tout bout de champ, afin d'avoir du succès dans ses entreprises. Non. Loin de là! Au contraire, c'est une relation intime que le croyant développe avec son Dieu: il est en présence de l'Eternel, communique avec lui.

SALOMON, ROI BATISSEUR:
De la gloire à la chute d'un royaume

La prière, c'est la respiration profonde de notre vie intérieure avec tous nos sentiments, nos joies et nos inclinations personnelles. C'est aussi l'expression de notre foi inséparable à la vérité; un combat spirituel; mais aussi et surtout un élan d'amour pour notre Dieu qui a tant aimé le monde, en donnant son Fils Unique afin que quiconque ait la vie en abondance.

Qui sont les membres de réunions chrétiennes?

Le rassemblement chrétien, selon la pensée divine est formé de tous les vrais croyants sans exception, ni distinction de classe sociale, sans acception d'appartenance politique, de la langue ou des origines nationales. Ce qui est le plus essentiel pour l'unité de la foi, ce que l'assemblée reste toujours debout, rende témoignage de son unité avec Christ, s'efforcer à maintenir intacte la vérité reçu, demeurer continuellement au temple pour prier et offrir des sacrifices de bonne odeur (par l'adoration), puis attendre le Seigneur, en s'écriant: « Viens Seigneur Jésus » (Apocalypse 22.20).

L'Apocalypse et la majeure partie des épîtres s'adressent à des assemblées locales. Et, les réunions qui s'y tiennent ont un caractère solennel. Le rassemblement chrétien fait toujours allusion à une assemblée locale de croyants, bien définie avec des anciens dans l'église qui sont actifs pour l'œuvre du ministère; le pasteur, responsable de la communauté, qui enseigne et béni le troupeau de Dieu d'après les promesses divines. Les anges de l'Eternel qui campent tout autour des chrétiens pour intervenir en leur faveur ; la présence du Christ parmi les siens (Emmanuel) au travers de l'action du Saint-Esprit.

D'autres rencontrent occasionnelles ou limitées n'ont pas ce caractère de réunion d'assemblée: l'école de dimanche, des rencontres pour jeunes, une réunion d'évangélisation convoquée par un évangéliste que le Seigneur a doué dans ce but. D'autres rencontres, selon les circonstances, pourront ou ne pourront pas avoir le caractère de réunion d'Assemblée, telles celles à l'occasiob d'un mariage, ou pour l'enseignement dans l'assemblée selon

SALOMON, ROI BATISSEUR:
De la gloire à la chute d'un royaume

actes 11.26, ou encore pour informer l'Assemblée quant à l'œuvre du Seigneur au loin, comme en Actes 14.27 et 15.7, 12 (1).

(1) A. Gilbert, L'assemblée du Dieu vivant, pages 67 à 89, distribué par Bibles et Publications Chrétiennes, 30, rue Châteauvert 26000Valence (France)

Le Seigneur Jésus est le centre de notre rassemblement chrétien (Matthieu 18.20), mais il y a des critères à remplir pour que la réunion de deux ou trois au nom du Seigneur porte les caractéristiques d'une Assemblée de Dieu. Ce qui est essentiel ce n'est pas le nombre de gens réunis, plutôt de reconnaître la seule autorité du Seigneur et ne pas associe son nom au démon (Apocalypse 1; 2 Timothée 2.19-21) et accepter la direction du Saint-Esprit (1 Corinthiens 12.13).

Du reste, les croyants forment ensemble la maison de Dieu ici-bas. Nous sommes un peu comme ces planches de bois de cyprès ou de cèdre et de genévrier que les ouvriers de Salomon avait prise, façonner, raboter, dresser et emboiter pour recouvrir le sol du temple, servir à modeler les deux chérubins sauvages,... Une planche toute seule est incapable de se tenir debout et résister au poids de l'édifice, il faut les joindre tous ensemble afin de former le temple.

SALOMON, ROI BATISSEUR:
De la gloire à la chute d'un royaume

CHAPITRE 6. L'ECROULEMENT SI BRUTAL

L'histoire politique d'Israël a vu défilé trois grands rois, qui se sont évertués d'organiser le peuple élu en Etat, de façon à rendre le pays prospère. Cent vingt ans ont suffit pour maçonner la grandeur d'une nation et la glorification de son Dieu.

Saül posa les fondations de la royauté selon une vie simple et modeste, tout en se mélangeant avec le peuple, mais n'eut pas de dynastie et mit les bâtons sur les roues à son successeur. David fut la force d'Israël, un roi conquérant, un soldat qui lutta âprement pour accéder au trône. Il s'empare de la forteresse jébuséenne pour faire de Jérusalem, la capitale politique d'Israël. Il eut du succès et sa dynastie dura 400 ans.

Salomon sera avant tout un bâtisseur qui agrandi la ville de Jérusalem et en fera capitale religieuse, une ville sainte en construisant le Temple et palais royaux. C'est un homme d'affaire occupé à amasser la richesse. Il ignorait que la richesse est incapable de satisfaire l'avare, elle suscite de la jalousie et attire sur soi un cercle de parasites; ce qui est pire encore, elle trouble la paix intérieure (Ecclésiaste 5.9-11).

6.1. UNE VIE LUXUEUSE

Israël ne comptait pas beaucoup d'habitants contrairement à ses voisins. Le roi mena une vie au-delà des ressources que pouvait lui procuré son peuple. Dans 1 Rois 10.21-25, la Bible nous dit que tout le service à boissons du roi Salomon était d'or, et toute la vaisselle de sa maison était d'or pur fin. Rien

SALOMON, ROI BATISSEUR:
De la gloire à la chute d'un royaume

n'était en argent. Il était approvisionné en grande partie par son ami Hiram, qui avait tout comme lui des navires placé en mer, et qui ramener de l'or et de l'argent, de l'ivoire, des singes et des paons, tous les trois ans.

Homme d'affaire rigoureux, Salomon exigera la redevance annuelle à tous ceux qui voyagent, au trafic des commerçants, aux rois alliés ainsi que les gouverneurs du pays. C'est ainsi que chaque année, on apportait dans son palais 666 talents d'or.

Comme si cela ne suffisait pas, il fit un nombre considérable de grands et petits boucliers d'or battu avec 600 sicles d'or et trois mines d'or, puis mit le tout dans sa maison-de-la-forêt du Liban.

En outre, il réalisera un magnifique grand trône d'ivoire et le couvre d'or pur (1 Rois 10.19-20). Son trône avait six marches, et la partie supérieure en était arrondie par derrière; il y avait des bras de chaque de côté du siège, deux lions debout à côté des bras, et douze lions debout sur les six marches de part et d'autre. Impressionnant! Cette gloire, pleine de somptuosité et cet appétit de beautés exotiques que se donna Salomon, était simplement un besoin politique, pour s'affirmer parmi les autres rois du temps.

Le danger à ce style de vie serait de voir le peuple exprimé sa grogne par des manifestations. Car la perplexité de la vie peut nous plongé dans le mécontentement.

6.2. L'OPPOSITION

A cause de son infidélité, l'Eternel lui annonce son déclin futur et la scission du royaume en deux (1 Rois 11.11-13). Il dit: « à cause de ton père David, je ne vais pas t'arracher tout le royaume pendant ta vie. C'est de la main de ton fils que je l'arracherai. Cependant je laisserai une tribu à ton fils.»

SALOMON, ROI BATISSEUR:
De la gloire à la chute d'un royaume

Du coup, l'Eternel commence à susciter une ligne de résistance au régime de Salomon. Il ramasse des hommes tels que Hadad, Rezon ou encore Jéroboam pour s'opposer à son administration.

Parlons d'abord de Hadad, l'Edomite. Il était de la descendance royale en Edom. A l'époque où il était un jeune garçon innocent, sa région fut attaquée par Joab, chef de l'armée du roi David. Il massacra tous les hommes, sauf les serviteurs du roi, père de Hadad. C'est rien que ce reste des Edomites qui ont réussit à échapper à l'hécatombe et fuir en Egypte avec lui.

Une fois arrivé en Egypte, le Pharaon lui accordera son hospitalité. Il épouse la sœur de la reine Tahpenès, femme de Pharaon, et lui enfanta un fils du nom de Guénoubath. Les années passèrent jusqu'au jour où il apprit que David était couché avec ses pères et que Joab, chef de l'armée était mis mort par Benayahou, fils de Yehoyada, chef d'armée du roi Salomon. Dès cet instant, l'esprit patriotique se réveilla en lui. Déterminé à faire face au nouveau dirigeant, il décide de rentrer pour participer au destin de sa patrie, surtout à Etsyon-Guéber où Salomon avait construit un port stratégique pour exploiter les mines de cuivre de la région (1 Rois 9.6).

Comme nous l'avons déjà souligné, il n'a pas été le seul opposant au pouvoir de Salomon (1 Rois 11.23-25). Il y avait aussi Rezon, fils d'Elyada, qui avait rassemblé et mobilisé des hommes auprès de lui après qu'il quitta son Seigneur Hadadézer, roi de Tsoba. Il a toujours été un chef de bande. Lorsque le roi David extermina les troupes de son maître lors d'une bataille, il prit la fuite en compagnie de ses hommes à Damas, y restèrent et régnèrent sur la Syrie avec sagesse et habilité.

Toute sa vie, il fut un opposant au régime de Salomon et manifestera son antipathie à l'égard d'Israël.

SALOMON, ROI BATISSEUR:
De la gloire à la chute d'un royaume

La troisième personne à s'être révolté contre le roi fut Jéroboam, fils de Nebath, l'Ephratien (autrement dit d'Ephraïm), probablement un propriétaire terrien. Homme puissant qui est arrivé seul à se hisser une haute place au service de Salomon. Il avait la responsabilité de surveiller tous les porteurs de fardeaux de la tribu de Manassé et d'Ephraïm.

En chemin dans la campagne, un jour, pendant qu'il faisait ses inspections, il fit la rencontre du prophète Ahiya de Silo, qui faisait des manifestations antiroyaliste; et dans ce temps là, il était habillé d'un manteau neuf. Le prophète saisit son vêtement, le déchire en douze parts. C'est alors qu'il dit à Jéroboam: «prends pour toi dix morceaux! Sache que l'Eternel arrachera la royauté de la main de Salomon, ce roi oppresseur et infidèle. Il te donnera dix tribus.» Grâce à cet appui bien significatif de l'homme de Dieu, l'ambition politique naîtra alors dans le cœur de Jéroboam et préparera une révolte nationale.

Et lorsque le roi Salomon pris connaissance de tous ces événements, il s'efforça de trouver Jéroboam pour le faire mourir, mais celui-ci craignant pour sa vie, il ira se réfugié en Egypte jusqu'à la mort de Salomon.

6.3. LA SCISSION DU ROYAUME

A la fin du règne de Salomon, le peuple s'était lassé de la lourdeur des impôts et les réquisitions de jeunes hébraïques pour les travaux: cent cinquante milles ouvriers, sous le commandement de trois mille six cents surveillants de chantier recourant à l'usage de coups, si nécessaire. Le besoin de changement se présenter devant eux.

Au lendemain de sa mort, son fils Roboam lui succède au trône. Encore une fois, c'était un demi-étranger, l'enfant d'une Ammonite. Il affiche un

SALOMON, ROI BATISSEUR:
De la gloire à la chute d'un royaume

comportement imbécile en s'entourant des jeunes fous qui pratiquent les orgies, inconscients des vieilles tendances anarchisantes des tribus hostiles à l'union du pays par la royauté.

Il se rendit à Sichem, l'ancien sanctuaire familial afin de solutionner les différends qui ont toujours existé entre le Nord et le Sud. Mécontent n'avoir pas participé au partage du pouvoir, le Nord sera représenté par Jéroboam, l'inoubliable opposant de Salomon, revenu de l'exil politique à l'annonce du décès royal.

Au cours de la réconciliation nationale, le peuple lui demande d'alléger la lourde servitude que son père leur avait imposée, et eux seront disposés à le servir loyalement. Ce qu'on lui exigeait n'avait rien d'inadmissible. Mais le jeune roi, réputé pour son caractère insouciant à conserver la force d'Israël, il fini par commettre une erreur très grave. Il n'accepta pas la demande (1 Rois 12.4-14).

Il dit: « je rendrai vos jougs plus pesants », puis Adoram, surveillant des travaux forcés pour mater la population, malheureusement il sera assassiné et Roboam voyant cette scène macabre, prendra simplement la fuite (1Rois 12.18-19).

Après la division du royaume, Jéroboam effrita la pureté de foi d'Israël. Il construisit des hauts lieux, source de prostitution religieuse, dans l'optique de contrôler le peuple à rester attacher au sanctuaire de Jérusalem (1 Rois 12.25).

SALOMON, ROI BATISSEUR:
De la gloire à la chute d'un royaume

6.4. LE RESTE DES ACTES DE SALOMON

Contrairement à Saül et David, qui ont reçu la royauté sur base d'un appel divin, Salomon a été le premier roi d'Israël a régné sur le principe de la succession.

Salomon eut de bonne relation avec Hiram, le roi de Tyr. Mais, après sa mort, cette relation privilégiée entre Tyr et Israël sera envenimé d'hostilité, en témoigne les prophéties biblique (Es. 23; Ezéchiel 26.1-28; Amos 1.9; Zacharie 9.3). Les Edomites, quant eux se rebellèrent et fut indépendant.

Son grand défaut, c'est avoir conclu des mariages avec des princesses étrangères. On ne sait pas s'il se repenti de ses actes. Néanmoins, ce que nous retiendrons de lui, c'est sa connaissance des choses divines et humaines: un homme sage, qui sait reconnaître les temps et les « circonstances » fixés par l'Eternel (1 Samuel 19.4-6; 2 Samuel 12.1-14; Esther 7.2-4). Et, Dieu veut que l'homme sage jouisse des biens terrestres et richesses. Qu'il ait un bon travail, de la nourriture et boisson, des joies familiales (Ecclésiaste 5.17-18; 9.9).

Les prêtres regrette sa perte, car ils louaient ses réalisations, surtout la construction du temple, et passer outre les erreurs de son administration.

Dans l'histoire Sainte, le nom de Salomon restera attaché à l'édification du temple, de ce qui, même détruit, sera, pour Israël en deuil, le centre de l'amour et de l'espérance - et que la symbolique chrétienne unit, d'un lien mystérieux, au corps du Dieu Vivant:« détruisez ce Temple, dira le Christ, et je le rebâtirai en trois jours ». (1)

(1) Daniel-Rops, Histoire Sainte: le peuple de la Bible, pages 218; 262è édition, Librairie Arthème Fayard.

SALOMON, ROI BATISSEUR:
De la gloire à la chute d'un royaume

Table des Matières

AVANT-PROPOS...2

INTRODUCTION...7

CHAPITRE 1. L'UNION PAR LA ROYAUTE 13

CHAPITRE 2. UN HOMME HORS DU COMMUN..18

    2.1. SON ENFANCE..19

    2.2. ACCESSION AU TRONE 20

    2.3. LE POUVOIR...25

    2.4. LES HAUTS FONCTIONNAIRES...27

CHAPITRE 3. SALOMON ET LE MARIAGE 29

CHAPITRE 4. TRAVAUX ADMIRABLES..33

    4.1. LE ROI COMMERCANT...34

    4.2. LES GRANDES ENTREPRISES..37

CHAPITRE 5. LES TRESORS DE LA MAISON DE L'ETERNEL...................40

    5.1. LA NOTION DE RASSEMBLEMENT 41

CHAPITRE 6. L'ECROULEMENT SI BRUTAL..45

    6.1. UNE VIE LUXUEUSE..45

    6.2. L'OPPOSITION..46

    6.3. LA SCISSION DU ROYAUME...48

    6.4. LE RESTE DES ACTES DE SALOMON..50

i want morebooks!

Buy your books fast and straightforward online - at one of world's fastest growing online book stores! Environmentally sound due to Print-on-Demand technologies.

Buy your books online at

www.get-morebooks.com

Achetez vos livres en ligne, vite et bien, sur l'une des librairies en ligne les plus performantes au monde!
En protégeant nos ressources et notre environnement grâce à l'impression à la demande.

La librairie en ligne pour acheter plus vite

www.morebooks.fr

VDM Verlagsservicegesellschaft mbH
Heinrich-Böcking-Str. 6-8   Telefon: +49 681 3720 174   info@vdm-vsg.de
D - 66121 Saarbrücken   Telefax: +49 681 3720 1749   www.vdm-vsg.de

www.ingramcontent.com/pod-product-compliance
Lightning Source LLC
Chambersburg PA
CBHW022018160426
43197CB00007B/472